버섯이 둥글고 커다란 갓을 활짝 폈어요.
훨훨! 수많은 포자가 하늘로 날아가요.
버섯은 자손을 퍼뜨리기 위해 포자를 만들어요.
바람을 타고 멀리멀리 날아간 포자들은
새로운 곳에서 더 멋진 버섯으로 자랄 거예요.

버섯은 어떻게 포자를 만들어 퍼뜨릴까요?

숲속의 청소부

버섯

감수 유영복 | 글 꿈꾸는 초록이 · 이희정 | 사진 서정화

여원키즈탄탄

🍄 숲속 그늘진 곳에 살아요

햇빛이 잘 들지 않는 그늘진 곳에 버섯들이 옹기종기 모여 살아요.
"난 햇빛이 정말 싫어. 축축하고 그늘진 곳이 좋아."

햇빛이 잘 드는 곳과 그늘진 곳 중 버섯이 잘 자라는 곳은 어디인가요?
(정답은 51쪽에 있습니다.)

햇빛이 잘 들지 않는 곳에서 버섯은 무얼 먹고 살까요?
"난 동물의 사체나 썩은 식물에서 자라. 오래되고 죽은 것들이 모두 내 먹이야."
버섯은 동물이나 식물의 몸을 잘게 부수어 흙으로 돌려보내는 일을 해요.
그래서 버섯을 숲속의 청소부라고 부르지요.

우산낙엽버섯 쓰러진 죽은 나무를 양분으로 먹고 자라요.

선녀낙엽버섯 썩은 나뭇잎을 양분으로 먹고 자라요.

엄마랑 퀴즈랑

버섯은 무얼 먹고 사나요?

(정답은 51쪽에 있습니다.)

🍄 버섯은 식물이 아니에요

"예쁜 분홍색 꽃 같지만, 난 꽃이 피는 식물이 아니야."
버섯은 식물처럼 뿌리도, 줄기도, 잎도, 꽃도 없어요.
스스로 양분도 만들지 못하죠. 그래서 버섯은 식물이 아니에요.

엄마랑 퀴즈랑
버섯은 꽃을 피울까요, 꽃을 피우지 않을까요?
(정답은 51쪽에 있습니다.)

앵두낙엽버섯 가느다란 자루는 식물의 꽃대 같고, 분홍색 갓은 꽃봉오리 같아요. 하지만 이건 꽃이 아니라 모두 균사로 이루어진 버섯이에요.

꾀꼬리버섯 노란색 꽃송이처럼 생긴 꾀꼬리버섯은 여름과 가을에 숲속에서 많이 볼 수 있어요.

바람 타고 포자가 훨훨

"모락모락 피어나는 연기처럼 갓 위로 포자를 폴폴 날려."
버섯은 자손을 퍼뜨리기 위해서 포자를 날려요.
바람을 타고 훨훨 날아가는 포자는 새로운 버섯으로 자라나요.

먹물버섯 포자가 들어 있는 끈적한 액체의 독특한 냄새로 곤충을 끌어들여 포자를 퍼뜨려요.

좀주름찻잔버섯 비가 오면 찻잔 속의 포자가 빗방울에 맞아 튀어 나가요.

싸리버섯 손으로 건드리거나 발로 차면 포자가 연기처럼 피어올라요.

연지버섯 공 모양으로 동그랗게 생긴 갓의 윗부분이 터지면서 안에 들어 있던 포자를 날려 퍼뜨려요.

"여행은 이제 그만! 옳지, 저기에서 버섯이 될 준비를 해야겠다."
땅으로 내려온 포자에서 싹이 터 실처럼 가느다란 균사가 됐어요.
이 균사들이 여러 차례 합쳐져 균사체가 되면 버섯이 될 준비가 끝나요.
비가 촉촉이 내리면 낙엽 사이로 새로운 버섯이 고개를 내밀어요.

먹물버섯의 일생

자란 버섯 기다란 대와 갓이 생기고 새로운 포자를 만들어요.

포자를 담은 먹물이 땅으로 떨어져요.

어린 버섯 균사체가 주위의 양분을 빨아들여 자라다가 온도와 습도가 알맞은 때에 균사체에서 버섯이 나와요.

포자 퍼뜨리기 땅에 떨어진 포자가 멀리 퍼져요.

균사체 만들기 가느다란 균사가 여러 차례 합쳐져 균사 덩어리로 자라요.

포자 싹트기 포자에서 싹이 트면서 실처럼 가느다란 균사로 변해요.

가장 오래 사는 버섯 좀목이는 건조한 날씨에는 말라 죽은 것처럼 보이다가 비가 오면 원래의 모습으로 돌아와 몇 년을 살아요.

가장 빨리 죽는 버섯 먹물버섯류는 나온 지 하루도 안 돼 갓과 자루 전체가 시들어 녹아내려요.

버섯은 완전히 죽을까요? 버섯이 자라서 3~5일 만에 시드는 것처럼 보이지만, 시드는 것은 버섯의 갓과 대뿐이에요. 땅속이나 나무 속에 있는 균사체는 죽지 않아요. 온도와 습도가 맞으면 다시 밖으로 대와 갓을 내보내 포자를 만들어 퍼뜨려요.

🍄 표고버섯은 이렇게 자라요

참나무 구멍에서 하얀 꽃이 피었어요. 무엇일까요?
"나야, 나 표고버섯. 만나서 반가워!"
미리 구멍 속에 심어 놓은 균사에서 표고버섯이 자란 거예요.

01 참나무 줄기에 구멍을 뚫고 표고버섯의 종균을 심어요.

02 버섯은 습기를 좋아해 물을 자주 뿌려 주면 균사가 금세 자라요.

03 구멍 밖으로 작은 꽃봉오리 같은 버섯이 나왔어요. 벌써 갓과 대가 생겼어요.

04 참나무의 영양분을 빨아 먹으며 표고버섯이 쑥쑥 자라요.

05 먹기 좋게 자랐어요. 동그랗게 삿갓 모양으로 자라면 표고버섯을 따서 포장을 해요.

06 표고버섯을 따지 않고 그대로 두면 갓이 위로 젖혀져요.

참나무의 영양분을 빨아 먹으면서 표고버섯이 쑥쑥 자라요.
마침내 동그란 갓을 활짝 펼쳐서 포자를 훨훨 날려요.
"난 새로운 곳에 가서 멋진 표고버섯이 될 거야."

07 갓이 완전히 펴지면 주름 속에 있던 포자가 공기 중으로 날아가요.

버섯

동물들의 고마운 친구, 버섯

비가 오면 버섯이 우산이 되고, 배고플 땐 맛있는 먹이가 돼요.
버섯은 숲속 동물들의 고마운 친구예요.

버섯 밑에 숨은 개구리 버섯이 잘 자라는 곳은 습기가 많기 때문에 개구리들이 자주 찾아와요. 버섯 밑에서 비를 피하기도 하지요.

버섯과 달팽이
식물의 꽃이나 잎뿐만 아니라 버섯도 달팽이의 좋은 먹이예요.

버섯 위의 곤충들 버섯의 진액을 빨아 먹기 위해 곤충들이 찾아와요.

버섯 위에서 주위를 둘러보는 도마뱀 버섯은 땅 위로 솟아 있어서 도마뱀이 올라앉아 주위를 둘러보기에 좋아요.

난 이렇게 생겼어요

숲속의 청소부 버섯의 모습을 자세히 살펴볼까요?
"내 몸은 동그란 갓과 기다란 대로 이루어져 있어."
우산 모양의 갓 안쪽에는 얇은 빗살무늬 주름이 아주 많아요.
긴 대의 끝은 땅속에 묻혀 밑으로 균사체를 뻗고 있지요.

갓 대 위에 우산 모양으로 자란 부분을 갓이라고 불러요.

대(자루) 갓을 높이 떠받쳐 포자가 멀리 날아갈 수 있도록 해 줘요.

균사체 가느다란 균사가 뭉쳐서 만들어져요. 버섯이 자라는 데 필요한 양분을 흡수해요.

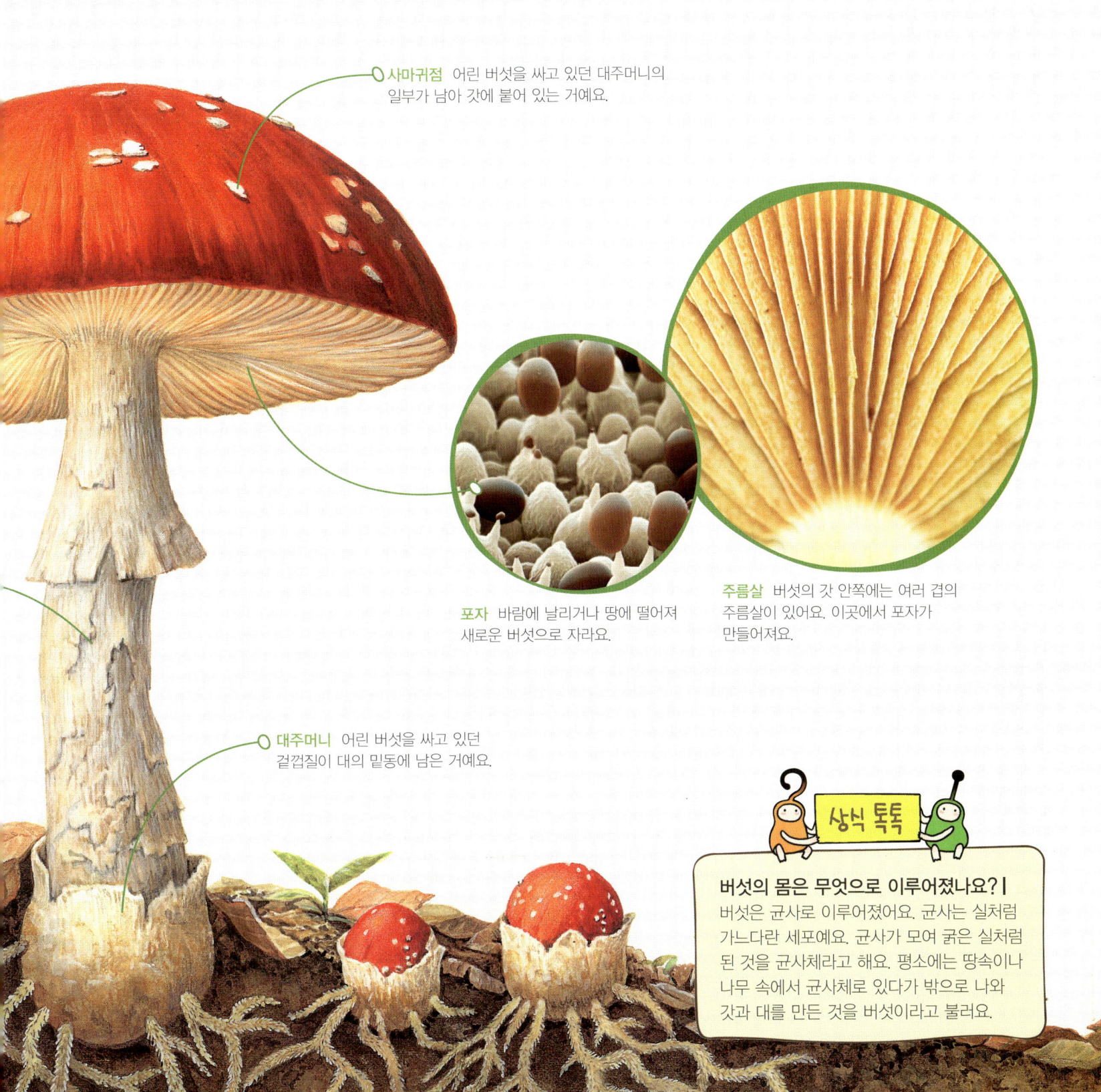

🍄 우리 모두 버섯 친구예요

빨간색, 노란색, 하얀색 등 버섯의 색깔은 여러 가지예요.
공 모양, 빗자루 모양 등 버섯의 모양도 매우 다양해요.
"모양도 가지가지, 색깔도 가지가지. 우린 균사로 이루어진 버섯 친구들!"

세발버섯 세 가닥으로 갈라진 안쪽에 냄새가 나는 끈끈한 액체가 있어 곤충을 끌어들여요.

노루궁뎅이버섯 버섯의 모양이 노루의 엉덩이를 닮았어요. 암과 치매 예방에 효과가 있어요.

영지버섯 불로초라고도 불리는 버섯으로, 옛날 사람들은 영지버섯을 늙지 않고 오래 사는 십장생 중에 하나로 생각했어요. 한방에서는 여러 질병을 치료하는 약재로 사용해요.

앗, 독버섯을 조심하세요

알록달록 화려한 색깔을 자랑하는 버섯은 조심하세요.
사람에게 아주 해로운 독을 가지고 있기 때문이죠.

화경버섯 늙은 나무에서 자라는 독버섯으로 밤에 보면 반딧불이처럼 푸르스름한 빛을 내요. 먹으면 배가 심하게 아파요.

갈황색미치광이버섯 나무 밑동에서 자라는 독버섯이에요. 먹으면 정신이 이상해져서 환각 증상을 일으켜요.

광대버섯 색깔이 화려한 가장 대표적인 독버섯이에요. 먹으면 흥분을 일으키고 심하면 목숨을 잃기도 해요.

구상장미버섯 최근 우리나라 제주도 한라산 부근 등산로에서 새로 발견된 버섯으로, 무게가 2~3킬로그램이나 되는 거대한 버섯이에요. 맛도 좋고 향도 좋아 사람들이 많이 기르게 될 거예요.(사진에 보이는 볼펜은 크기 비교용이에요.)

흰털깔때기버섯 최근 제주도 한라산의 해발 1200~1600미터의 높은 숲에서 발견된 버섯으로, 하얀색 털이 나 있어요.

주황말미잘버섯 최근 제주시에서 발견된 버섯으로, 주황색 색깔에 생김새가 말미잘을 닮아 주황말미잘버섯이라는 이름이 붙여졌어요.

갈색공방귀버섯 다 자라면 겉껍질이 꼭대기에서 반 정도 찢어지면서 불가사리 모양으로 5~6조각으로 갈라져 목도리 모양이 되어요.

벌동충하초 한방에서 약재로 많이 사용하는 버섯이에요. 곤충의 몸을 양분으로 먹고 자라요.

달걀버섯 광대버섯과에 속하는 버섯으로, 어릴 때는 달걀 모양의 주머니 속에 있다가 자라면서 땅 위로 솟아 나와요.

매꽃버섯붙이 바닥에 떨어진 나뭇가지에 붙어서 나뭇잎 모양으로 자라요. 여름에 습도가 높아지면 가장자리가 하얗게 변해요.

구름버섯 나무줄기에 뭉쳐서 자라는 버섯으로, 멀리서 보면 구름처럼 보여요.

사슴뿔버섯 붉은색의 커다란 사슴뿔 모양으로 생겼어요.

버섯이랑 놀자!

버섯

버섯은 곰팡이와 함께 균류에 속해요. 균류 중에서 갓과 대로 이루어진 자실체를 만드는 무리를 버섯이라고 하지요. 주로 그늘진 땅이나 죽은 나무, 죽은 동물의 사체에서 양분을 빨아 먹으며 자라요. 평소에는 땅속이나 나무 속에 균사체로 있다가, 버섯의 모양이 만들어지면 포자를 만들어 멀리 퍼뜨려요.

버섯과 곰팡이가 같은 종류라고요?

세상에 버섯이 곰팡이와 같은 종류래요. 솜처럼 가느다란 실뭉치 같은 것을 만드는 곰팡이와 버섯이 같은 종류라니 참 신기하지요? 왜 버섯과 곰팡이가 같다고 하는지 함께 알아볼까요?

버섯은 식물처럼 비가 내리면 땅 위로 올라와 자라다가 곧 시들어 버려요. 하지만 엽록소를 가지고 있지 않기 때문에 식물처럼 광합성을 통해 스스로 양분을 만들지 못해요. 그래서 식물이 아니에요. 또 동물처럼 옮겨 다니거나 짝짓기를 하여 새끼를 낳지 않기 때문에 동물도 아니에요. 그렇다면 버섯은 어떻게 양분을 얻을까요?
버섯은 죽은 동물이나 식물에 붙어 자라면서 양분을 빨아 먹어요. 스스로 양분을 만들지 못하고 다른 생물에 붙어서 양분을 얻는 것들을 균류라고 해요. 버섯과 곰팡이는 모두 균류에 속하는 생물이에요. 균류에 속하는 곰팡이에 대해 좀 더 살펴볼까요?

➡ **나무에서 자란 느타리버섯**
버섯은 식물처럼 광합성을 하지 않기 때문에 그늘진 숲속에서도 잘 자라요. 따뜻하고 습기가 많은 곳에는 늘 버섯이 있지요. 영양, 온도, 습도 등의 조건이 좋을수록 버섯이 잘 자란답니다.

➜ **딸기에 핀 푸른곰팡이** 빵, 떡, 과일 등의 양분을 먹고 자라는 곰팡이예요. 상처가 났을 때 염증을 일으키는 세균을 없애는 물질을 가지고 있어 약의 원료로 이용해요.

➜ **메주에 핀 누룩곰팡이** 삶은 콩이나 밥알에 잘 생기는 곰팡이예요. 녹말을 잘게 자르는 물질을 가지고 있어서 된장이나 간장을 만들 때 이용해요.

➜ **효모로 술을 빚는 모습** 누룩에 많이 자라는 효모는 동글동글하게 생긴 곰팡이예요. 밀가루 반죽에 넣어 빵을 만들거나 맥주나 포도주를 만들 때 이용해요.

느타리버섯을 길러 보아요

집에서도 버섯을 기를 수 있을까요? 물론이에요. 버섯 균사체에 축축하게 물을 뿌려 주면 돼요. 먼저 버섯의 균사를 뭉쳐서 담아 놓은 유리병을 준비하세요. 그리고 함께 느타리버섯을 길러 보아요.

이런 것이 필요해요

카메라   관찰 기록장   버섯 종균이 든 병   스프레이

버섯을 길러 보아요

1 느타리버섯 균사를 뭉쳐서 담아 놓은 유리병을 준비해요. 쉽게 집에서 기를 수 있게 만든 거예요.

2 느타리버섯에 스프레이로 충분히 물을 뿌려요. 습기가 마르지 않도록 뚜껑을 덮어 그늘에 두세요.

3 이틀 뒤에 삐죽삐죽 무언가 밀치고 나오기 시작해요. 보세요! 하얀 버섯이 나오고 있어요.

4 날마다 버섯이 쑥쑥 자라요. 하루가 다르게 커져요. 마르지 않게 매일 스프레이로 물을 뿌려 주세요.

쫄깃쫄깃한 게 정말 맛있어!

5 유리병 가득 느타리버섯이 자랐어요. 일주일이 지나면 완전한 버섯이 돼요.

6 다 자란 버섯은 잘라서 맛있는 요리를 하세요. 내가 기른 버섯이라 더 맛있지요?

⭐ 주의할 점을 알아보아요

- 버섯이 마르지 않게 매일 정해진 시간에 스프레이로 물을 뿌려 주세요.
- 햇빛이 드는 창가보다는 서늘하고 축축한 화장실이나 다용도실에 놓아두세요.
- 어느 정도 자랄 때까지는 손으로 만지지 말고 눈으로만 관찰하세요.

미술 작품 속의 버섯은 어떤 모습일까요?

버섯은 맑고 건조한 날에는 잘 보이지 않다가 비가 내려 습기가 많아지면 숲속 이곳저곳에 생겨나요. 새로 생겨난 버섯도 며칠 지나면 금방 사라지지요. 버섯의 이러한 성질 때문에 사람들은 버섯을 신비하게 여겼어요. 그래서 미술 속에 나타난 버섯의 모습도 신비한 모습으로 표현된 것이 많아요.

■ 〈십장생도〉 속의 영지버섯

십장생이란 해, 산, 물, 돌, 구름, 소나무, 불로초, 거북, 학, 사슴 등 오래 사는 열 가지의 생물을 가리키는 말이에요. 옛날에는 해, 산, 물, 돌, 구름 등도 살아 있는 생물처럼 여겼어요. 이중 불로초는 영원히 늙지 않는 약으로 알려져 있어요. 불로초는 영지버섯을 일컫는 말이에요. 영지버섯을 먹으면 건강해지고 오래 산다고 여겼지요.

➜ 산을 배경으로 위쪽 구름 사이에 해가 빛나고, 학이 쌍을 이루어 날고 있어요. 아래쪽에는 기암괴석 사이에 물이 흐르고 사슴들이 노닐고 있지요. 소나무와 대나무가 자라는 바위 주변에 불로초인 영지버섯이 자라고 있어요.

가우디가 세운 건축물, 〈구엘 공원〉

안토니오 가우디는 에스파냐의 건축가예요. 천장과 지붕을 구불구불한 모양으로 만들고, 창문과 기둥에는 섬세한 장식과 아름다운 색을 입힌 건물을 짓는 사람으로 유명하지요. 건물뿐만 아니라 벽면이나 기둥을 꾸미거나 조각을 할 때도 가우디만의 스타일로 아름답게 만들어요. 가우디가 지은 건물을 보면 마치 동화 속에서 불쑥 튀어나온 것 같아요.
가우디가 설계하고 만든 〈구엘 공원〉은 1984년에 유네스코 세계 문화유산으로 지정되었어요. 구불구불한 곡선 모양의 건물들, 화려한 모자이크와 타일 장식, 위태롭게 기울어 있는 나선형의 층계, 꾸불꾸불한 길, 뱀 모양의 기다란 벤치, 과자로 만든 집 같은 경비실까지 모든 것이 매우 아름다워요.

→ 바르셀로나의 전원주택지에 있는 〈구엘 공원〉은 광대버섯 모양의 지붕 장식으로 유명해요.

버섯 모양을 닮은 아름다운 건축물

최근 지어진 건축물 중에는 버섯의 모양을 본떠 지은 것이 많아요. 버섯의 갓이 우산 모양으로 생겨서 건물의 지붕 역할을 하고, 기다란 대는 건물의 기둥이나 벽 역할을 하지요.
거리에 세워 둔 가로등이나 장식물 중에도 버섯 모양을 한 것이 많아요.

→ 오스트레일리아 멜버른 도크랜드에 뉴퀘이라는 작은 항구가 있어요. 항구 한쪽 거리에 하얀 버섯 모양 조각물이 여러 개 세워져 있어요.

 더 알아보아요

독버섯은 어떻게 구분하나요?

독성분이 들어 있어 사람이 먹으면 부작용을 일으키거나 죽게 하는 버섯을 통틀어 독버섯이라고 해요. 흔히 독버섯은 세로로 대가 찢어지고, 독버섯에 은수저가 닿으면 검은색으로 변한다고 해요. 또 색깔이 화려한 버섯이 독버섯이라고 하지요. 하지만 꼭 그런 것은 아니에요. 겉모양만 보고는 알 수 없어요.
사람들의 목숨까지 빼앗아 가는 맹독버섯은 자루에 턱받이가 있고, 자루의 밑동에 대주머니가 있는 것이 특징이에요.
식용 버섯 중에도 이런 형태를 한 것이 있기는 하지만, 가능하면 대주머니가 있는 버섯은 먹지 않는 것이 안전하답니다.
만약 독버섯을 먹었다면 즉시 토하고 먹었던 버섯 조각을 병원으로 가져가 의사에게 보여야 해요.

독버섯은 다른 생물에게도 독이 될까요?

사람이 버섯을 먹고 중독되었다고 해서 다른 생물도 반드시 중독되는 것은 아니에요. 어떤 벌레는 독버섯인 독우산광대버섯에 구멍을 내고 들어가 그 버섯을 먹고 살아요. 민달팽이는 심지어 사람을 죽게 하는 독버섯도 맛있게 먹는다고 해요. 왜냐하면 독버섯이 가지고 있는 독이 사람에게만 피해를 주고 다른 동물들에게는 피해를 주지 않는 경우가 많기 때문이에요.

버섯의 포자는 몇 개나 될까요?

하나의 버섯에서 만들어지는 포자의 수는 버섯의 종류에 따라 달라요. 작은 것은 몇억 개 정도이고 많은 것은 수백 억 개가 넘는대요. 버섯은 땅 위로 올라오자마자 많은 포자를 만들어 한 번에 주위로 날려 보내요. 그래서 포자가 날아갈 때 마치 연기가 피어오르는 것처럼 보이지요.
하지만 이 많은 포자가 모두 버섯으로 자라지는 않아요. 그중 일부만 자라 새로운 버섯이 된답니다.

바닷속 죽은 생물에도 버섯이 자랄까요?

모든 생물이 살아가는 데는 물이 필요해요. 버섯도 자라려면 물이 필요해요. 또 양분을 얻기 위해 다른 생물의 몸도 있어야 해요. 하지만 물이 너무 많으면 버섯이 썩어요. 그래서 물속에서는 버섯이 잘 자라지 않아요. 특히 바닷물은 염분이 많아 버섯이 살 수 없지요. 그렇다면 바닷속에 사는 생물이 죽으면 무엇이 그것을 분해해서 없애 줄까요? 바다에는 버섯 대신 물곰팡이가 죽은 생물을 분해하여 바다를 깨끗하게 한답니다.

버섯을 좋아하는 사람은 암에 걸릴 확률이 적은가요?

버섯은 우리 몸에 좋은 음식이에요. 모든 버섯을 먹을 수는 없지만, 먹을 수 있는 버섯에는 단백질과 각종 비타민, 무기질이 많이 들어 있어 몸을 튼튼하게 해 줘요. 버섯을 좋아하고 많이 먹는 북유럽 사람이나 일본 사람, 러시아 사람들은 다른 민족에 비해 암에 덜 걸린다고 해요. 우리나라와 중국, 일본에서는 버섯을 단순히 먹는 것으로만 사용하지 않고 약으로도 이용해 왔어요. 약재로 이용하는 영지버섯이나 상황버섯 등을 많이 먹으면 암에 걸리는 것을 막아 주고, 암을 치료하는 데도 효과가 있다는 것이 과학적으로 밝혀졌어요.

버섯에도 꽃말이 있나요?

버섯은 식물은 아니지만, 많은 사람이 꽃처럼 여겨요. 그래서 버섯에도 꽃말을 붙였어요. 버섯의 꽃말은 '의심'이에요. 왜냐하면 버섯의 모양이 여러 가지이고 먹을 수 있는지 없는지도 잘 알 수 없으며, 자라는 곳도 일정하지 않기 때문이에요. 버섯은 맑은 날에는 잘 보이지 않다가 비가 오면 갑자기 땅 위로 올라와 금방 자라고, 그러다가 금세 시들지요. 이처럼 확실한 것 없이 의문투성이여서 이런 꽃말이 붙은 것 같아요.

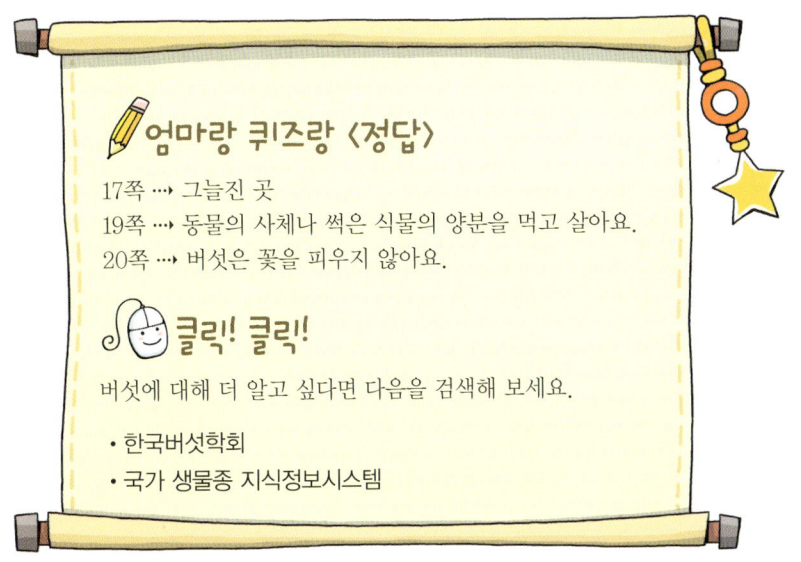

엄마랑 퀴즈랑 〈정답〉

17쪽 … 그늘진 곳
19쪽 … 동물의 사체나 썩은 식물의 양분을 먹고 살아요.
20쪽 … 버섯은 꽃을 피우지 않아요.

클릭! 클릭!

버섯에 대해 더 알고 싶다면 다음을 검색해 보세요.

- 한국버섯학회
- 국가 생물종 지식정보시스템